# Benvenuti
# nel mondo

# TeaSisters

## Tea

Ciao, io sono Tea Stilton, la sorella di Geronimo Stilton! Sono l'inviata speciale dell'Eco del Roditore, il giornale più famoso dell'Isola dei Topi. Amo molto i viaggi e mi piace conoscere persone di tutto il mondo, come le Tea Sisters: sono cinque amiche davvero in gamba! Ve le presento!

## Paulina

Altruista e solare, ama viaggiare e conoscere gente di tutto il mondo. Ha un vero talento per la tecnologia e i computer.

## Pamela

È un'abile meccanica: datele un cacciavite e aggiusterà tutto! È golosa di pizza, che mangerebbe a ogni ora, e ama cucinare.

## Colette

Ha una vera passione per vestiti e accessori, soprattutto di colore rosa. Da grande vorrebbe diventare una giornalista di moda.

## Nicky

Viene dall'Australia ed è molto appassionata di sport, ecologia e natura. Ama vivere all'aria aperta e non sta mai ferma!

## Violet

Ama molto leggere e conoscere cose sempre nuove. Le piace la musica classica e sogna di diventare una famosa violinista!

## Vuoi essere una Tea Sister?

...............................

mi piace ..................
..............................
..............................
..............................
..............................
..............................

Testi di Tea Stilton
Coordinamento testi di Chiara Richelmi / Atlantyca S.p.A.
Collaborazione editoriale di Carolina Capria e Mariella Martucci

Coordinamento editoriale di Patrizia Puricelli
Editing di Daniela Finistauri e Benedetta Biasi

Art director: Iacopo Bruno
Copertina di Barbara Pellizzari, Giuseppe Facciotto (disegno) e Flavio Ferron (colore)
Graphic designer: Paola Berardelli / theWorldofDOT

Illustrazioni pagine iniziali e finali di Barbara Pellizzari (disegno) e Flavio Ferron (colore) | Mappe di Caterina Giorgetti (disegno) e Flavio Ferron (colore)

Illustrazioni della storia di Valeria Brambilla (disegno) e Francesco Castelli (colore)
Coordinamento artistico di Flavio Ferron
Assistenza artistica di Tommaso Valsecchi
Grafica di Marta Lorini

Da un'idea di Elisabetta Dami
**www.ildiariodelleteasisters.it**

I Edizione 2015


Anno 2015 - 2016 - 2017 Edizione 1 2 3 4 5 6 7 8 9 10

Stampa: ELCOGRAF S.p.A.
Via Mondadori, 15 - Verona

Questo libro è stato stampato su carta certificata FSC®

FSC www.fsc.org
MISTO
Carta da fonti gestite in maniera responsabile
FSC® C115118

Tea Stilton

# Il magico spettacolo dei COLORI

PIEMME

# IL SAPORE DELL'INVERNO

Pamela era certa che la prima **NEVE** dell'anno, quella che si posa a sorpresa sui tetti, sui prati, sulle auto e sulle strade, avesse un sapore ben preciso. Per lei, era il sapore dell'inverno a **New York** con i suoi fratelli, delle giornate passate in casa, delle corse nei parchi imbiancati, delle **guance rosse** per il freddo e soprattutto...

di una **dolce merenda** da mangiare tutti insieme al calduccio!
Da allora, anche quando si era trasferita a Topford, ogni volta che vedeva cadere la prima neve a Pam veniva una gran voglia di CUCINARE qualcosa di buono da gustare attorno a un tavolo con le Tea Sisters!
– Ecco qui! – esclamò la ragazza entrando nella sede del Club dei Delfini dove le amiche si erano riunite per studiare in gruppo. – Per *festeggiare* la prima nevicata dell'anno ho preparato una merenda al sapore di inverno: le **Uova alla neve**!

Le Uova alla Neve (chiamate anche Îles Flottantes) sono un dolce a base di soffice meringa e crema alla vaniglia.

– **Buonissimo!** – esclamò Paulina assaggiando il dolce dell'amica.
Mentre gustavano la merenda, Pamela raccontò alle **ragazze**: – Oltre alla prima neve, oggi ho fatto un'altra scoperta: all'inizio della strada per Picco del Falco stanno montando un **ENORME TENDONE** colorato, credo preparino uno spettacolo...

– Dev'essere il Teatro dei Colori con i suoi artisti – la interruppe Colette contenta.
– Allora finalmente è arrivato!
A quel punto la ragazza raccontò alle amiche di aver letto un articolo dedicato a quella famosa compagnia teatrale che portava in scena il Magico Spettacolo dei Colori, con musica e numeri acrobatici.

– Quindi ci sono giocolieri e acrobati? – domandò Nicky CURIOSA.
Colette annuì e disse: – Io non ho mai assistito a un loro spettacolo, ma da quello che ho letto, ci sono i più bravi GIOCOLIERI e acrobati del mondo!
– Dev'essere bellissimo assistere a una loro esibizione! – disse Violet appoggiando sul vassoio la coppetta ormai vuota.
Nicky si alzò e, dando voce al pensiero di tutte, esclamò: – Allora non possiamo lasciarci scappare questa occasione: dobbiamo assolutamente andare a vedere lo spettacolo!

# Un magico incanto

Gli amici delle Tea Sisters non conoscevano il **Teatro dei Colori**, ma bastarono poche parole e qualche immagine trovata online, perché anche in loro nascesse la **CURIOSITÀ** di saperne di più.

– Guardate questo numero! – spiegò Colette indicando il video che i ragazzi stavano guardando sul **TABLET** di Paulina.

– Questi acrobati sono bravissimi! – sospirò ammirata Nicky. – Sembra che danzino e volino allo stesso tempo, con una leggerezza e un'eleganza **STRAORDINARIE!**

Craig fissò per un istante Shen e Ron, poi

tutti e tre esclamarono insieme: – Vogliamo venire a vedere lo spettacolo!

– **E anche noi!** – aggiunsero Tanja ed Elly.

– Mi unirei anche io, se posso...

– **Professoressa Pliè!** – disse Violet voltandosi e riconoscendo l'**insegnante di danza** che faceva capolino sulla porta del club. – Certo che può venire con noi, ci farebbe molto piacere!

La giovane professoressa allora spiegò: – Stavo andando in **palestra**, ma ho sentito di che cosa parlavate e non ho potuto fare a meno di fermarmi...

– Ha fatto benissimo! – sorrise entusiasta Colette.

E così la sera seguente le Tea Sisters e i loro amici, accompagnati da Rosalyn Pliè e dal rettore De Topis, raggiunsero l'enorme tendone colorato ai piedi di **Picco del Falco** e presero posto a bordo della pista, pronti a godersi quella che erano certi sarebbe stata una serata indimenticabile.

E fu proprio così.

Quando nel teatro si fece buio e al centro del **TENDONE** si accesero le luci di scena, infatti, iniziò uno spettacolo nel quale giocolieri, trapezisti e acrobati si alternavano senza sosta, tra **luci di mille colori**, che rendevano l'atmosfera incantata, e meravigliose musiche che sottolineavano i movimenti degli artisti. L'esibizione finale del **corpo di ballo** fu talmente coinvolgente che, quando si concluse, gli abitanti dell'Isola delle Balene non la smettevano più di **applaudire!**

– Avrei voluto che durasse ancora qualche ora... – sospirò Nicky, rapita da ciò che aveva appena ammirato. – Non ho mai visto degli **acrobati** tanto bravi!

Notando che Rosalyn Pliè, al contrario di tutti i suoi amici, non aveva detto nemmeno una parola da quando lo spettacolo era terminato, Colette si avvicinò alla professoressa e disse: – *È stato bellissimo, non è vero?*

CHE TALENTO!
MA GUARDA...

L'insegnante guardò Colette con gli occhi lucidi: – Molto più bello di quanto potessi immaginare. Soprattutto perché, oltre ad ammirare dei bravissimi artisti... ho rivisto una mia cara amica!

La professoressa, ancora commossa, raccontò di aver riconosciuto tra i ballerini Camille, una sua compagna di studi all'Accademia di Danza. – Dopo il diploma, ci siamo perse di vista... ma ora mi ha riempito di gioia ritrovarla proprio qui!

– Sono sicura che anche la sua amica sarà contenta di rivederla! – esclamò Colette prendendo l'insegnante sotto braccio e portandola dietro le quinte.

Colette non sbagliava, perché quando Camille scorse Rosalyn Pliè, le corse incontro sorridendo e l'abbracciò con trasporto.

Le due amiche rimasero abbracciate sorridendo e parlarono per un po', poi la professoressa Pliè presentò con orgoglio i **suoi studenti** all'artista.

– Lo **spettacolo** è stato... è stato... – iniziò a dire Rosalyn Pliè, senza riuscire a trovare le parole giuste.

Fu Pamela a concludere: – È stato... supermegafantasticamente bellissimo!

– Sono contenta che vi sia piaciuto. Sapete, ci alleniamo DURAMENTE per preparare ogni numero, ed è bello sapere che la nostra passione arriva al pubblico!

– Già! – annuì Violet. – E le luci, le musiche...

Poi, quasi mormorando tra sé, disse: – Oh, sarebbe fantastico assistere alle vostre prove una volta... Potremmo starcene in silenzio in un angolino, senza dare fastidio...

Camille guardò Violet con aria seria: – Mi dispiace, ma non penso che sia possibile invitarvi alle prove.

Colette sospirò dispiaciuta: – Oh, capiamo perfettamente, non si preoccupi...

– Veramente... – continuò Camille sorridendo, – avrei un'altra proposta. È da tempo che pensiamo di aprire una **scuola di teatro acrobatico**... Vedervi così entusiaste oggi mi fa pensare che forse è arrivato il momento di realizzare questa **IDEA**... Che cosa ne dite, ragazzi? Su, non lasciatemi sulle spine!

Non ci fu bisogno di aggiungere altro, perché gli studenti di **TOPFORD** avevano già iniziato a esultare dicendo:

**-SÌÌÌ! SAREBBE MAGNIFICO!**

# MILLE COSE DA IMPARARE!

Colpita dall'entusiasmo dimostrato dalle Tea Sisters e dai loro amici verso il lavoro degli artisti del Teatro dei Colori, Camille parlò con la professoressa Pliè e insieme le due amiche decisero come organizzare il **Corso di teatro acrobatico** per gli studenti di Topford.

Lo spettacolo sarebbe rimasto sull'Isola delle Balene per alcune settimane, perciò i ragazzi, nei **pomeriggi** liberi dagli impegni scolastici, avrebbero potuto cimentarsi in quelle discipline artistiche così **ORIGINALI** che tanto li avevano colpiti.

Impazienti di iniziare quella nuova esperienza, il giorno dopo lo spettacolo le Tea Sisters finirono presto i compiti e corsero al tendone. Inizialmente le ragazze si limitarono a osservare i giocolieri, gli acrobati e i trapezisti che si allenavano e scaldavano i muscoli per le coreografie, ma bastò qualche ora perché iniziassero a farsi un'idea della disciplina alla quale volevano dedicarsi. Colette fu la prima a scegliere: essendo da sempre appassionata di danza, decise di allenarsi con il corpo di ballo guidato da Camille.

Nicky osservava un acrobata che si allenava per l'esibizione dei TESSUTI AEREI, una particolare disciplina acrobatica resa possibile da tessuti di stoffa elastica fissati al soffitto.
– Sarebbe un sogno riuscire a fare lo stesso... – sospirò la ragazza. – Ma immagino sia difficile... Ci vorrà un sacco di allenamento!
Pamela guardò l'amica: era da quando avevano assistito allo spettacolo che Nicky non faceva altro che parlare di quanto l'avesse colpita il NUMERO dei Tessuti Aerei. – Secondo me potresti allenarti con loro...
– Sì, ma loro sono bravissimi, e io non so... – sussurrò Nicky.
– Certo, per questi numeri ci vogliono anni di DURO LAVORO, ma non significa che tu non possa imparare qualche passaggio più facile! – la *incoraggiò* Pam, sorridendo.

ORA RADDRIZZA IL CORPO...
CHE BRAVO!
GIÀ...
OOOH!

Allora, incoraggiata dalla compagna, Nicky si avvicinò agli **acrobati** specializzati nella disciplina dei Tessuti Aerei, e iniziò a chiacchierare con loro.

– **E tu?** – chiese Violet raggiungendo Pamela. – Continui a guardarti intorno o ti è venuta voglia di **PROVARE** a lavorare con i funamboli?

– Veramente... sì! – rispose lei guardando un funambolo che stava per iniziare il suo esercizio.

– E che cosa stai aspettando allora? – la incalzò Violet.

– Vai a scoprire che cosa si prova a camminare in equilibrio su una fune!

– Solo a patto che tu faccia lo stesso con quei trapezisti! – sorrise Pamela.

Le due amiche si scambiarono un'occhiata d'intesa e si separarono, dirette in due zone diverse di quel GRANDE TENDONE nel quale cominciavano a poco a poco a sentirsi più a loro agio.

Violet, che come sempre doveva fare i conti con la propria timidezza, ripassò a bassa voce più volte la frase a cui aveva pensato per presentarsi: – Ciao, sono Violet! Siete bravissimi e mi piacerebbe **imparare** qualcosa di più sul trapezio! Di nuovo: ciao, sono Violet... Siete bravissimi e mi piacerebbe imparare qualcosa di più sul **trapezio!**

Quando però si trovò a tu per tu con il **giovane trapezista**, le cose non andarono proprio come aveva immaginato, le parole si confusero, e alla fine quello che disse fu:

– Ciao, sono bravissima!

Siete Violet e mi piacerebbe trapeziare qualcosa di più sul...
Il ragazzo sorrise divertito.
Violet diventò **ROSSA**: – Scusa! Volevo dire che io sono...
– Violet! – esclamò il ragazzo. – Non preoccuparti, l'ho capito. Io sono Kevin, e per me sarà un piacere farti da **insegnante!**
Violet prese un respiro profondo: per quanto le sembrasse incredibile, quella volta era stato proprio grazie alla sua timidezza che

**era riuscita a rompere il ghiaccio!**

# INSEGUIRE UN SOGNO

Durante uno dei primi giorni al College di Topford, Colette aveva imparato una **lezione importante.**

Lei e i suoi compagni erano seduti in silenzio ai propri banchi, quando la *professoressa Rattcliff* era entrata in aula e aveva detto: – Ognuno di voi è arrivato qui con un sogno o un progetto. Chi di voi sa già che cosa vorrebbe fare **da grande?**

A quel punto, alcuni studenti avevano alzato timidamente la mano e condiviso il loro sogno con gli altri compagni: – Io vorrei diventare **VETERINARIO!**

– Io insegnante di musica!
– A me piacerebbe lavorare in una **rivista di moda**...

La professoressa aveva accolto ogni risposta con un SORRISO, poi aveva ripreso: – Ragazzi, ricordatevi che con l'impegno potete raggiungere ogni **TRAGUARDO**. Se io e gli altri professori vi chiediamo di seguire le lezioni con attenzione, di studiare e di approfondire

quello che imparate, non è solo perché abbiate più nozioni possibile, ma anche perché capiate che l'IMPEGNO è la cosa più importante. Colette ricordava bene quelle parole, perché da allora l'avevano guidata in tutti i PROGETTI nei quali si era lanciata. E adesso, mentre guardava le sue amiche che si allenavano con tenacia e determinazione, quelle parole le erano tornate in mente. Dopo giorni di prove, infatti, Pamela riusciva a rimanere in equilibrio sulla fune, e Paulina stava diventando molto abile con gli attrezzi da GIOCOLERIA! Nicky, sotto la guida di un ragazzo di nome Louis (da poco entrato nella compagnia), aveva dimostrato un vero talento nella disciplina dei Tessuti Aerei, e Colette riusciva a provare la maggior parte delle coreografie con il corpo di ballo.

OK!
VIENI AVANTI COSÌ...
STAI ANDANDO MOLTO BENE!
HE HE HE!

Ma c'era qualcuno per cui le cose non stavano andando proprio benissimo.

Violet infatti, nonostante l'impegno e l'**ALLENAMENTO** costante, non era ancora riuscita a raggiungere i risultati in cui sperava.

– Va bene, sono pronta... – sospirò la ragazza dopo aver controllato bene l'**IMBRAGATURA** di sicurezza.

Kevin la seguiva e la incoraggiava dalla pedana opposta.

– *Stai tranquilla!* – aggiunse Colette, che era venuta a vederla.

– So che ce la puoi fare!

– La tua amica ha ragione!

– Devi solo **fidarti di me**, e tutto andrà bene! – aggiunse l'istruttore.

Violet annuì e guardò la **scaletta** che l'aveva portata sulla pedana. Era salita fin lì e ora sapeva perfettamente che cosa doveva fare: stringere le mani attorno al **trapezio** e concentrarsi. Una volta in volo, avrebbe dovuto lasciare il suo trapezio e **LANCIARSI** in avanti, in modo che Kevin, sul trapezio opposto, riuscisse ad afferrarla. Era questo che doveva fare, e lei lo aveva ripassato a mente già tante volte.

Eppure, quando afferrò il trapezio e si lasciò DONDOLARE nell'aria, dimenticò tutto e, invece di muoversi con sicurezza, tentennò, lasciò la presa e fu ACCOLTA dalla rete di sicurezza.

– Violet! – gridò Colette correndo dall'amica. – Va tutto bene?

– Sì, sì.... – rispose la ragazza rialzandosi e tenendo lo sguardo basso per non far vedere all'amica gli occhi lucidi. – Ma ora scusa, torno al college, mi sento un po' stanca...

Violet sapeva di non essersi fatta nulla, eppure rispondendo che andava tutto bene le sembrò di dire una bugia. La verità era che si sentiva davvero triste, perché le cose proprio non sembravano andare bene per lei.

# Un allenamento speciale

Il giorno successivo, Kevin si avvicinò a Paulina, che come ogni pomeriggio si stava allenando con gli esercizi di **GIOCOLERIA**, e le chiese: – Scusa, sai dove è Violet?
Paulina scosse la testa: – No, quando le abbiamo detto che stavamo venendo qui, ha risposto che ci avrebbe raggiunte più tardi, perché aveva ancora dei **COMPITI** da finire... Ma a quest'ora dovrebbe essere arrivata!
– Purtroppo no – sospirò Kevin. – E non risponde nemmeno al cellulare.
Il comportamento **MISTERIOSO** di Violet insospettì Paulina, che ne parlò con le amiche.

– Non capisco... Al college non c'è! – annunciò Pamela riattaccando il **cellulare**.

– Ho appena parlato con Shen, che dice di averla vista uscire da Topford almeno un'ora fa, ne è sicuro.

– **DOVE SARÀ ANDATA?** – domandò Nicky preoccupata.

In quel momento a Colette tornò in mente un particolare a cui il giorno prima non aveva dato peso: gli **OCCHI LUCIDI** di Violet.

Sul momento, infatti, aveva creduto che le **LAGRIME**

dell'amica fossero dovute soltanto allo spavento per la CADUTA, ma ora non poteva fare a meno di pensare che dietro ci fosse altro.
– Credo che Violet sia preoccupata per qualcosa, e penso anche di sapere dove può essere in questo momento! – rifletté Colette.
Negli ultimi tempi infatti c'era un luogo preciso nel quale Violet si RIFUGIAVA ogni volta in cui aveva bisogno di rilassarsi e riflettere. Un posto dove, davanti a una tazza di tè al gelsomino, il suo preferito, la ragazza riusciva a sentirsi sempre tranquilla e protetta.
– Certo, la Pasticceria Daisy! – esclamò Pamela.
Infatti Violet era proprio lì. Seduta a un tavolino, aveva davanti a sé una TAZZA fumante e guardava pensierosa il paesaggio innevato oltre la vetrata.

SIGH...
VIOLET!
CHE COSA SUCCEDE?
ERAVAMO IN PENSIERO...

– Che cosa ci fate qui? – esclamò la ragazza vedendo arrivare le sue amiche insieme a Kevin. – Scusate se non vi ho raggiunto... ho finito di **studiare** tardi... e poi...

Ma non riuscì a proseguire: Violet era incapace di raccontare la più piccola **bugia**, figurarsi quando si trattava di farlo con le persone a cui voleva bene!

– Hai deciso di **smettere** di allenarti con me? – domandò Kevin.

– Scusami se non sono stato un **BRAVO** insegnante...

Violet decise allora di essere sincera: – No, tu sei bravissimo! Ma io... io... quando devo lanciarmi sento le gambe tremare, il cuore in gola e... e... HO PAURA.

A quelle parole le Tea Sisters si guardarono serie.
Prima che potessero dire qualcosa, Kevin riprese: – Non devi preoccuparti.
È normale che tu abbia paura, e sai perché?
Violet fissò Kevin senza dire nulla e scosse la testa. Allora Kevin le SORRISE e spiegò:
– Perché la cosa più importante nell'esercizio al trapezio non è la tecnica, ma è... la FIDUCIA! Devi fidarti del tuo compagno per lanciarti nel vuoto sapendo che ci sarà lui ad afferrarti e a non farti cadere!

Violet provò a dire: – Sì, ma... io non so come posso fare a...
Kevin proseguì: – Io capisco che tu non riesca ancora a fidarti di me, perché in fondo mi conosci da troppo poco tempo... Ma forse ho avuto un'idea!
– Se dovrò ALLENARMI molto di più non sarà un problema! – assicurò Violet.
– In realtà io credo che avremo bisogno di fare un allenamento un po' diverso...
Le Tea Sisters fissarono incuriosite Kevin, in attesa che il ragazzo svelasse ciò che aveva in mente.
– Voglio dire... – iniziò lui, – che l'allenamento di oggi consisterà nel passare il pomeriggio tutti insieme, a bere tè e mangiare uno di quei super **muffin al cioccolato** che ho visto entrando! Che cosa ne dici?

– Ci sto! – sorrise Violet.
– **E ci stiamo anche noi!** – aggiunse Pamela. – Questo è un allenamento che non possiamo assolutamente perdere!

**Muffin... arriviamo!**

# Neve, segreti e confidenze

Sono tante le cose che occorrono perché due persone diventino amiche.
Ci deve essere sintonia, si devono condividere gli stessi **ideali** e **valori** e deve esserci sincerità reciproca. Queste cose, però, non sempre arrivano dopo il primo incontro. Bisogna dedicare all'**amicizia** molte energie, tempo e costanza.

Sapendo che i **rapporti di fiducia** vanno costruiti giorno dopo giorno, Violet e Kevin avevano

deciso di dedicare meno tempo agli allenamenti e più a conoscersi meglio, in modo da diventare una COPPIA AFFIATATA di trapezisti.
Per fortuna, stare con Kevin non era noioso, perché, frequentando il ragazzo, Violet e le altre Tea Sisters avevano scoperto che era una persona dolce, disponibile e divertente.
– Colette, sei pronta? – domandò Pamela riponendo nel bagagliaio un paio di scarponcini da neve. – Forza, siamo già in ritardo... Kevin ci sta aspettando!
– Eccomi! Eccomi! – rispose Colette raggiungendo in tutta fretta il FUORISTRADA nel quale si erano già accomodate le amiche.
– Sono prontissima e sono già qui!
– Già?!? – dissero le amiche in coro.

– Beh, sì, insomma... – ribattè lei. – Sono in ritardo solo di venti minuti: è un **RECORD!**

Quel giorno le Tea Sisters avevano deciso di portare il loro nuovo amico sulle **PISTE INNEVATE** dell'Isola delle Balene per trascorrere una giornata diversa, senza pensieri.

– Sono certa che ci **divertiremo** un mondo! – disse Pamela.

E la ragazza non si sbagliava perché tra discese sullo **SLITTINO**, battaglie di palle di neve e risate, il tempo passò velocissimo.

FANTASTICO...
HE HE HE!
EVVAIIIII...
YU-HUUU!!!

– Quello che ci vuole adesso è una bella **cioccolata calda!** – disse Paulina a metà pomeriggio.
– Da queste parti dovrebbe esserci una piccola baita in cui possiamo fermarci prima di tornare al college – aggiunse Pamela.
Così, mentre il **SOLE** tramontava e le piste si svuotavano, i ragazzi si ritrovarono a chiacchierare davanti a una merenda deliziosa.
– Sono tanto **felice** di avervi incontrato! – confidò Kevin. – Spostandomi sempre di città in città per me è **DIFFICILISSIMO** avere degli amici... Mi piace il mio lavoro, ma vivere sempre in viaggio non è semplice.
Approfittando della ***bella atmosfera*** che si era creata quel pomeriggio, Violet decise che era giunto il momento di fare al suo compagno una domanda che le **ronzava** in testa da

tempo, ma che fino ad allora non era riuscita a rivolgergli: – Come mai hai deciso di diventare un **acrobata?**

Kevin prese un profondo respiro: – Beh, mio padre Jacques è il capo della **compagnia**, quindi io sono nato e cresciuto in mezzo ad acrobati e artisti, e così per me è stato naturale diventare **trapezista**...

– Dev'essere stato bellissimo crescere in mezzo a una famiglia di artisti pieni di talento! – esclamò Paulina.
A quelle parole, Kevin si RABBUIÒ. Ci pensò su un attimo, poi rispose: – In realtà la storia della mia famiglia è molto complicata, e per me non è semplice parlarne...
Violet allora gli SORRISE: – Non ti devi preoccupare: ci racconterai quello che vorrai, se vorrai e quando vorrai.
Rincuorato dalle parole comprensive di Violet, Kevin decise di condividere con le sue amiche una parte importante del suo passato.
– Prima che nascesse il Teatro dei Colori, la mia famiglia portava in giro per il mondo il Magico Spettacolo delle Luci e dei Colori, e a capo della compagnia c'erano mio padre Jacques e suo fratello Antoine.

– E che cosa è successo poi? – chiese Colette CURIOSA.

– Molti anni fa, quando io ero ancora piccolo, i due fratelli LITIGARONO e decisero di separare le loro carriere dando vita a due compagnie diverse: il Teatro dei Colori di mio padre Jacques e il Teatro delle Luci di mio zio Antoine – spiegò Kevin.

– Mio padre e mio zio non si parlano da allora.
Violet provò a dire: – Vedrai che le cose **si aggiusteranno**: a volte quando si litiga basta solo che qualcuno faccia il ***primo passo***... Il resto spesso viene da sé!
Ma Kevin sospirò: – Lo so, ma sono passati tanti anni. Temo che ormai **NESSUNO** lo farà più, questo passo...

# Un allenamento movimentato

Da quando avevano incontrato gli artisti del Teatro dei Colori, le Tea Sisters trascorrevano ogni **pomeriggio** libero insieme agli acrobati. E finalmente, l'impegno e la tenacia con cui le ragazze avevano affrontato gli **ALLENAMENTI** cominciavano a dare i loro frutti.

– Bravissima, Nicky! – esultò Colette osservando l'amica che si esibiva al numero dei **TESSUTI AEREI** per la prima volta senza l'aiuto di Louis o la supervisione di Tobias.

– Sembri una *ballerina*... volante! – aggiunse Violet.

Con grazia ed eleganza, Nicky iniziò lentamente a **srotolare** il tessuto elastico che teneva avvolto attorno alla vita e che fino ad allora l'aveva tenuta sospesa da terra, e ridiscese fino a toccare il pavimento. Subito le **amiche** le corsero incontro al centro della pista e la circondarono per festeggiarla.
Quando **incrociarono** il suo sguardo, però, le Tea Sisters si accorsero che Nicky, più che contenta per l'esibizione appena terminata, sembrava perplessa e preoccupata.
– **Che cosa succede?** – le domandò allora Paulina. – C'è qualcosa che è andato storto?
Nicky riprese fiato: – Mentre ero in alto mi sono accorta che alcuni dei tessuti che dovrebbero usare gli acrobati stasera durante lo spettacolo sono **DANNEGGIATI**!
Poi aggiunse: – Ho notato... degli strappi!

Complimenti!
Et voilà!
Bravissima!
Wow!

– Ma non è possibile! – esclamò Kevin. – I controlli qui sono **MOLTO SEVERI**, è impossibile che si utilizzino dei materiali rovinati!

– E invece evidentemente succede, perché non è l'**unico caso!** – disse il giocoliere che faceva da istruttore a Paulina arrivando proprio in quel momento. – Ieri mi sono accorto che le corde che usano i funamboli non erano agganciate bene, e le ho sistemate subito! Per fortuna usiamo sempre la **RETE**, ma è comunque un bel guaio trovarsi con le attrezzature manomesse!

– Io continuo a non capire. Vi assicuro che è una cosa veramente insolita... – disse Kevin perplesso. – Noi dobbiamo lavorare con materiali sempre controllati, per garantire la sicurezza di tutti i nostri numeri...

– Stai tranquillo, vedrai che si tratta soltanto di una COINCIDENZA... – tentò di rassicurarlo Violet, ma non fece in tempo a terminare la frase perché da dietro le quinte giunsero delle URLA.

– Che cosa succede? – gridò Pamela allarmata.
– È Camille! – esclamò Colette correndo insieme agli amici dietro il sipario.
Quando i ragazzi raggiunsero la prima ballerina, videro una scena che mai avrebbero immaginato: Camille era seduta in mezzo a un mucchio di vestiti di scena che erano stati TAGLIUZZATI e STRACCIATI diventando inutilizzabili!
– Ma che cosa è successo qui? – domandò Colette raccogliendo da terra quello che restava di un COSTUME.
– Chi può avere fatto una cosa del genere? – si chiese Paulina.
Camille sospirò amareggiata: – Non ne ho idea. Sono venuta a prendere il mio costume per lo spettacolo di stasera e ho trovato questa **brutta sorpresa**...

CHE DISASTRO!
MA CHI SARÀ STATO?
OH NOOO...
GUARDATE!
I NOSTRI VESTITI...

Nessuno ebbe la forza di aggiungere altro.

– Io però una cosa la so con certezza! – disse Pamela guardando le amiche con sguardo pieno di determinazione e coraggio. – Scopriremo chi è il **RESPONSABILE** e tutto ritornerà come prima, questo ve lo garantisco!

**Questo è un mistero per le Tea Sisters!**

# Un piano perfetto

Più ci pensavano, più le Tea Sisters si convincevano che non poteva trattarsi di coincidenze: i vari **INCIDENTI** che si erano susseguiti sotto il tendone non potevano essere casuali. Di sicuro c'era qualcosa sotto...

– Ma voi pensate davvero che ci possa essere un **SABOTATORE MISTERIOSO** dietro a questi disastri? – domandò Violet sedendosi accanto agli amici.

– I costumi di scena parlano chiaro! – esclamò Nicky. – Non possono certo essersi **ROVINATI** da soli!

Kevin abbassò lo sguardo: – Mi sembra tutto

così assurdo... La nostra **compagnia** è sempre stata unita e non ci sono mai stati problemi tra di noi...
Paulina fece correre lo sguardo all'interno del **TENDONE**, poi disse: – Ragazzi, per scoprire che cosa è successo dobbiamo osservare ogni cosa con attenzione e prendere nota di tutti gli **INDIZI!**
– Sì, ma da dove partiamo? – domandò Nicky.
– Beh, mi sembra evidente che c'è qualcuno che ha deciso di **DANNEGGIARE** lo spettacolo... – osservò Pamela.
Furono proprio quelle poche parole a suggerire a Paulina l'idea che fino a quel momento non era riuscita a trovare.
– **Grazie, Pam!** Finalmente so che cosa dobbiamo fare! – esclamò soddisfatta la ragazza, facendo l'occhiolino alle altre.

Il piano di Paulina era semplice: chi aveva commesso quei SABOTAGGI voleva rovinare lo spettacolo e certamente non avrebbe resistito alla tentazione di sabotare il numero di punta della serata.

– Ma non abbiamo mai avuto un numero di punta! – spiegò Kevin. – Nel Magico Spettacolo dei Colori tutte le ESIBIZIONI hanno la stessa importanza!

Paulina sorrise con l'aria di chi la sapeva lunga e disse agli amici: – Lo so, ma non importa! Ciò che conta è che ci comportiamo come se invece, da stasera, esistesse un numero di punta su cui si concentrerà l'attenzione di tutti!
E così, seguendo l'intuizione di Paulina, i ragazzi condivisero il loro piano con il signor Jacques. All'inizio il direttore della compagnia si mostrò scettico, poi, non sapendo che cos'altro fare, diede il suo consenso.
A quel punto le Tea Sisters sparsero la notizia che quella sera Kevin si sarebbe esibito con un **trapezio rarissimo**, creato da un famoso artista di New York apposta per lui.
– È la migliore *finta esibizione* che abbia mai preparato! – disse Pamela finendo di scrivere ***NON TOCCARE*** su uno scatolone

ORA NON CI RESTA CHE ASPETTARE!
ECCO FATTO!
NON TOCCARE!
CI SIAMO!

vuoto. – Se davvero qualcuno vuole rovinare lo spettacolo, cercherà di MANOMETTERE questo prezioso trapezio... invisibile! E a noi non resta che rimanere nascosti vicino allo SCATOLONE e tenere gli occhi ben aperti!

Il piano elaborato dalle Tea Sisters e dai loro amici funzionò.

Qualche minuto dopo che Violet e Nicky ebbero diffuso la voce che il pacco col trapezio era stato recapitato e si trovava nel camerino di Kevin, accadde qualcosa.

– Ok, Kevin è appena uscito... – annunciò Pamela, appostata insieme alle amiche all'esterno del CAMPER che il trapezista usava come camerino. – Ora non ci resta che vedere se il nostro sabotatore di spettacoli si farà vivo...

– Là! C'è qualcuno! – la interruppe

Colette indicando un ragazzo dal viso nascosto da sciarpa e **berretto**, che si avvicinava con aria circospetta. – Potrebbe essere lui!

– Attenta! – le disse Paulina, dopo che l'amica si era quasi **ALZATA** per vedere meglio. – Non facciamoci scoprire!

Le ragazze rimasero in silenzio a osservare la scena.
Il ragazzo misterioso arrivò alla porta del camper di Kevin e provò a FORZARE la maniglia chiusa.
Fu in quel momento che le Tea Sisters riuscirono a vederlo bene.

Con gli OCCHI sgranati per la sorpresa e la voce che faticava a uscire per lo stupore, Nicky riuscì a dire solo una parola: – Louis!

# SORPRESE DI FAMIGLIA...

– Io non c'entro niente! – continuava a ripetere l'artista specializzato nell'esibizione ai TESSUTI AEREI.

Le Tea Sisters e Kevin provarono a **domandargli** come mai si fosse avvicinato con ARIA MISTERIOSA al camerino per entrarvi, ma il ragazzo si chiuse in un silenzio **imbarazzato**.

Kevin provò a convincerlo: – Perché non puoi dirci che cosa stavi facendo lì, se davvero non volevi MANOMETTERE il trapezio?
Alla fine, dopo aver proclamato di nuovo la propria innocenza, Louis scappò via dicendo: – Questa non è certo la famiglia che speravo di trovare qui!

Il giorno successivo, sedendosi con le amiche e Kevin alla Pasticceria Daisy, Paulina tornò su quell'episodio che aveva lasciato tutti senza parole. – Però non capisco... quale motivo può avere per **ROVINARE** lo spettacolo?
– È entrato nella nostra **compagnia** solo da qualche mese, quando Tobias si è infortunato alla caviglia – spiegò Kevin. – Mio padre cercava qualcuno che lo sostituisse per poco tempo, ma poi Louis si è dimostrato così bravo e **PIENO DI TALENTO** che abbiamo deciso di farlo restare. Adesso del numero si occupa quasi esclusivamente lui, anche perché Tobias non si è ancora ripreso completamente dal suo infortunio, quindi...
Nicky annuì: – In effetti Louis è bravo! Allenandomi con lui ho **imparato** davvero tanto...
– Se è così bravo, prima di arrivare qui avrà

sicuramente lavorato in un'altra compagnia – osservò Pamela. – Forse **scoprendo** da dove viene riusciremo a capirne un po' di più.. Questa situazione in effetti è complicata. Kevin, che ne dici di parlarne con tuo padre?
La **PROPOSTA** di Pamela parve a tutti molto saggia, e così i ragazzi raggiunsero

subito Jacques nel suo camper per chiedergli che cosa sapesse del passato di Louis.
– Io guardo solo la BRAVURA di un artista, e Louis è uno dei migliori acrobati che abbia mai conosciuto – sbottò l'uomo con tono deciso. – Non mi interessa il suo PASSATO!
Quella risposta spense per un attimo l'entusiasmo dei ragazzi. Poco dopo, però, Paulina estrasse dalla borsa il suo fidato tablet e fece l'OCCHIOLINO agli amici.
– Che cos'hai in mente? – chiese Colette riconoscendo nello sguardo dell'amica la scintilla che si accende quando si ha un'IDEA.
– Su Internet si può trovare qualsiasi cosa, basta saper cercare! – disse la ragazza digitando in un motore di ricerca le poche informazioni che possedevano su Louis.
In pochi istanti sullo SCHERMO

apparvero moltissime immagini di acrobati che si chiamavano Louis e che erano specializzati nella disciplina dei **TESSUTI AEREI**.
Solo dopo averne scorse almeno una decina, però, le ragazze individuarono un articolo in cui si parlava di un **acrobata** che avrebbe potuto essere il *loro* Louis!
– Avete letto anche voi quello che ho letto io? – domandò Colette stupefatta.
– Prima di entrare nella vostra compagnia Louis lavorava per il **Teatro delle Luci!** – disse Violet con gli occhi sgranati. – E non è un semplice acrobata, ma il figlio di Antoine...
– Quindi Louis è **TUO CUGINO!** – concluse Colette rivolgendosi a Kevin.
– Non è possibile! – esclamò il ragazzo. Poi, riflettendo per un istante, annuì, **confuso**: – In effetti l'età corrisponde, ma...

– Beh, se non vi vedete da quando eravate BAMBINI, era difficile che tu riuscissi a riconoscerlo... – spiegò Pamela.

– Forse allora.... papà ha ragione a non voler avere RAPPORTI con la famiglia di mio zio... – sussurrò il ragazzo. – Non ci posso credere: mio cugino ha tentato di rovinare il nostro spettacolo!

– Aspetta! Io penso che ci debba essere una

spiegazione... – considerò Violet. – Louis ha mentito sulla sua identità, ma questo non significa per forza che sia lui il **COLPEVOLE!**

– Hai ragione... – annuì Kevin. – Di sicuro però ha delle spiegazioni da darci!

Le ragazze annuirono e decisero che a quel punto la cosa migliore era far parlare Louis.

# La strada del cuore

Le Tea Sisters e Kevin cercarono Louis ovunque, ma del ragazzo non c'era traccia.
L'acrobata non era nel CAMPER che lui e i compagni usavano come camerino, né nel tendone o dietro le quinte.
I ragazzi avevano fatto un giro anche nello spiazzo ai piedi di Picco del Falco dove si era stabilito il teatro acrobatico, ma nemmeno lì l'avevano trovato.
– Dove può essere FINITO? – si chiese Pamela. – Qui non conosce nessuno, quindi...
– ... potrebbe essere PARTITO – suggerì Violet, pensierosa.

Nicky riflettè: – Se avesse deciso di andare via avrebbe di certo preso le **SUE COSE**, ma noi siamo andate a cercarlo nel camper ed è ancora tutto lì.

– **Ragazze!** – chiamò Kevin raggiungendo le Tea Sisters. – Guardate che cosa ho trovato!

Il ragazzo mostrò una *lettera*: – Era per terra, a pochi passi da dove abbiamo visto Louis l'ultima volta...

– Può essergli caduta mentre scappava – ipotizzò Paulina, che poi guardò meglio la **BUSTA** ed esclamò: – Kevin, ma questa lettera è indirizzata a te! Dovresti aprirla, magari contiene qualche **MESSAGGIO IMPORTANTE** per capire dove è finito Louis!

Convinto dalle Tea Sisters, Kevin aprì la busta, estrasse la lettera e iniziò a *leggerla*.

Caro Kevin,
ti scrivo perché temo che non troverò mai il coraggio di parlarti, e non ce la faccio più a dire bugie... credimi, per essere qui sto nascondendo la verità anche a mio padre, che pensa io sia a Parigi per un corso dedicato agli acrobati! Io sono tuo cugino Louis, e sono entrato nella vostra compagnia perché tu e lo zio Jacques mi mancate. Vorrei tanto che tornassimo a essere una famiglia unita, come lo eravamo una volta! Ti saluto con affetto,
Louis

– Quindi è per questo che ha cercato di entrare nel mio camper: voleva svelarmi la sua **vera identità!** – disse Kevin con gli occhi

lucidi. – E noi lo abbiamo accusato di essere responsabile degli INCIDENTI!
– Già. Ma dove potrebbe essere andato adesso? – domandò Pamela con aria pensierosa.
Kevin prese un profondo respiro: – Magari è una sciocchezza, ma quando eravamo bambini e i nostri genitori discutevano, noi correvamo a giocare in RIVA AL MARE... e se eravamo in un posto in cui non c'era il mare, fingevamo lo stesso di essere lì!
– Allora, forza, proviamo a raggiungere la SPIAGGIA più vicina! – propose Violet.
In men che non si dica, i ragazzi corsero alla spiaggia, e lì scorsero subito un ragazzo che fissava il mare con aria MALINCONICA.
Era Louis.
Senza dire nulla Kevin gli corse incontro e lo

**abbracciò**, sotto lo sguardo commosso delle Tea Sisters.

– Questa è la prova! – sospirò Colette.

– **La prova di cosa?** – chiese Pamela incuriosita da quelle parole.

L'amica le sorrise: – La prova che spesso...

**la strada giusta ce la sa indicare solo il cuore!**

Evviva...
Il cuore ci mostra sempre la strada!
Guardate!

# Una grande famiglia

Quando due amici o parenti sono uniti da un legame profondo, possono anche trascorrere molti anni lontani senza che il sentimento di affetto venga meno. Louis e Kevin ne erano la prova.

Nonostante avessero passato tanto tempo senza che Kevin sapesse chi fosse veramente Louis, fra i cugini l'imbarazzo iniziale aveva subito lasciato spazio a una forte intesa.

I due avevano subito cominciato a chiacchierare, ricordando le avventure vissute insieme e cancellando in un istante gli anni di lontananza.

– Ora credo sia il momento di andare a parlare con il signor Jacques – osservò Paulina. – Lui è ancora all'OSCURO di tutto!
– Già, dobbiamo assolutamente dirgli che Louis è SUO NIPOTE! – aggiunse Nicky.
– Avete ragione! – annuì Kevin. – Mio padre deve sapere al più presto la verità!
Violet tentennò per qualche istante, indecisa sul da farsi, ma poi si fece CORAGGIO e decise di dire quello che ormai pensava da un po' di tempo.
Non voleva essere INVADENTE, ma sentiva che era la cosa giusta da fare...

– Kevin, Louis... Io credo che dobbiate convincere i vostri genitori a mettere fine a questo assurdo LITIGIO che va avanti da anni.
– Anche io la penso come Violet – disse Colette. – Voi due siete legati da un profondo affetto, e sono certa che sia lo stesso anche per i vostri genitori!

– Semplicemente si sono dimenticati delle cose belle che c'erano tra loro, e di che cosa voglia dire poter avere una **famiglia unita!** – aggiunse Pamela.

Le parole delle Tea Sisters toccarono i cuori dei due cugini, che decisero di raggiungere subito il padre di Kevin al tendone del Teatro dei Colori per convincerlo a mettere da parte ogni **RANCORE**.

Il signor Jacques prima riabbracciò con gioia il nipote che non aveva riconosciuto, poi ascoltò in silenzio le **richieste** di Kevin e Louis.

Ma quando si trattò di fare un passo verso la **riconciliazione** con il fratello, reagì in maniera piuttosto brusca.

– Non ho alcuna intenzione di tornare a parlare con **MIO FRATELLO** – sbottò l'uomo. – E per quanto ne so, lui la pensa come me!

– Forse potremmo chiederglielo! – disse allora Paulina entrando nel **TENDONE** con l'inseparabile tablet e facendo un cenno d'intesa a Louis. – L'ho appena **VIDEO-CHIAMATO!**
Mentre sul volto di Jacques si dipingeva un'espressione **incredula**, su quello dei ragazzi si faceva strada un sorriso soddisfatto.
– Sono certa che nell'istante in cui si

guarderanno negli occhi, le **vecchie questioni** scompariranno – sussurrò Colette a Violet con un SORRISO.

E a giudicare dalle LACRIME che riempirono gli occhi increduli di Jacques non appena scorse il viso del fratello sullo SCHERMO, la ragazza aveva proprio indovinato!

Così com'era avvenuto per Louis e Kevin, anche per Jacques e Antoine ***bastò uno sguardo*** per ritrovarsi dopo tanto tempo.

Certo, i due fratelli avrebbero dovuto

comunque chiarirsi e parlare, e forse ci sarebbe stata qualche altra discussione, ma quando dal tablet la voce commossa di Antoine esclamò "Che bello rivederti, fratello mio!", i ragazzi capirono che il PASSATO era ormai alle spalle... e lì sarebbe rimasto!
Ora davanti a loro si apriva...

un futuro pieno d'affetto!

ERA ORA!
EVVIVA!
SONO FELICE ANCHE IO!
A VOLTE BASTA UN PICCOLO PASSO...

# L'indagine riprende...

Una volta che la famiglia si fu riconciliata, le Tea Sisters e Kevin spiegarono a Louis come mai avessero sospettato che fosse lui il responsabile dei misteriosi **INCIDENTI** accaduti nel tendone.

Nel frattempo, Jacques e Antoine recuperarono parte degli anni passati in silenzio con lunghe telefonate in cui parlavano di tante cose. E gli artisti del Teatro dei Colori tornarono a preparare i loro numeri in vista dell'ultimo spettacolo sull'Isola delle Balene.

– Sembra che tutto sia tornato alla normalità – osservò Kevin. Poi, gettando lo sguardo verso il padre impegnato a parlare con il fratello lontano, continuò: – Direi che è molto meglio di **PRIMA!**

Violet sorrise: – Sì, ma non dobbiamo dimenticare che qualcuno ha cercato di **SABOTARE** questo spettacolo, e ancora non abbiamo idea di chi sia e del perché lo abbia fatto.

– Già! Ma come possiamo scoprirlo? – domandò Colette.
– Non esistono **COLPEVOLI** che non lascino prove del loro passaggio! – disse Paulina. – È compito dei bravi investigatori saperle trovare!
– Ma nessuno di noi è un **investigatore professionista!** – sospirò Violet.

– Sì, ma magari tutti e sette insieme riusciamo a farne uno! – scherzò Colette. – Sono certa che se lavoriamo in SQUADRA alla fine scopriremo qualcosa.
Intenzionati a fare chiarezza su quello che era successo, i ragazzi si DIVISERO in gruppi e andarono a esaminare con attenzione i posti dove erano avvenuti i sabotaggi, alla ricerca di INDIZI e prove.
E così, mentre Pamela e Violet controllavano con attenzione la zona riservata ai funamboli, Nicky, Louis e Kevin si occuparono di ispezionare la pedana degli acrobati che si esibivano ai tessuti aerei.
Colette e Paulina, invece, andarono a parlare con Camille nel GUARDAROBA, in cui c'erano ancora i resti dei costumi ridotti a brandelli.

– Sei sicura di non aver notato niente di STRANO? – chiese Colette a Camille, sperando di trovare qualcosa.
Ma purtroppo Camille non aveva notato nulla:
– Mi spiace... quando sono arrivata qui, ho trovato solo il DISASTRO che avete visto voi!
Mentre passava accanto al porta abiti, però, Colette notò per terra un oggetto che catturò la sua ATTENZIONE. Lo raccolse e lo infilò in tasca.

Quando si ritrovò con le altre Tea Sisters, Kevin e Louis, Colette CONDIVISE con gli amici i propri sospetti.
– Ho trovato

questo – disse mostrando un GANCETTO.
– Spesso chi si sloga un polso o una caviglia ne ha bisogno per fissare bene la fasciatura.
– **Quindi credi sia... Tobias???** – domandò Kevin sorpreso. – Non può aver sabotato il Teatro dei Colori, fa parte della compagnia da tantissimi anni!
– Lo so che è difficile crederlo, ma l'**unica prova** che abbiamo porterebbe proprio a lui! – osservò Pamela.
– Sì – sottolineò Nicky. – Ma ce ne servono **ALTRE** prima di poter affermare con certezza che il colpevole sia Tobias...
– **TOBIAS?!** – esclamò in quel momento una voce alle spalle dei ragazzi.

– Papà! – esclamò Kevin voltandosi. – Abbiamo dei SOSPETTI, ma non siamo ancora sicuri che sia stato lui...
Jacques, però, non volle sentire ragioni e cominciò a INCAMMINARSI verso il camper di Tobias con l'intenzione di fare chiarezza. A Kevin, Louis e le ragazze non restò che seguirlo.

# IL MOMENTO DELLE SPIEGAZIONI

Appena arrivarono davanti al **CAMPER** che ospitava Tobias, le Tea Sisters e i loro amici si ritrovarono davanti una scena inaspettata: l'acrobata infatti stava preparando i bagagli e sembrava ***PRONTO A PARTIRE!***

– Che cosa stai facendo? – domandò Jacques notando la sua sacca da viaggio. – Dove credi di andare?

– Via – rispose **AMAREGGIATO** il ragazzo. – Non c'è più posto per me in questa compagnia. L'ho capito ormai.

Paulina decise di essere diretta: – Sii sincero: sei stato tu a **sabotare** le esibizioni?

Tobias attese qualche secondo, abbassò lo sguardo MORTIFICATO e rispose: – Sì, sono stato io. E mi dispiace tantissimo.
Sotto lo sguardo incredulo dei presenti, Tobias raccontò di essersi sentito MINACCIATO dall'arrivo di Louis, così bravo da guadagnarsi subito un posto nello spettacolo, e di aver temuto che avendo a disposizione quel nuovo acrobata, Jacques decidesse di liberarsi di lui.
– Un giorno, per caso, ho scoperto chi era Louis – proseguì Tobias. – E ho avuto un'idea: avrei provocato dei DANNI e poi avrei svelato a lei, signor Jacques, che Louis era il figlio di suo fratello. A quel punto tutti avrebbero sicuramente incolpato Louis, pensando che si fosse INFILTRATO tra noi per rovinare il Teatro dei Colori. Così lei lo avrebbe

Sei stato tu?
Oh!
Ma come?!
Sì
Grrrr...

cacciato via. E io sarei tornato al mio posto una volta per tutte!
In quel momento, Colette notò che il ragazzo era sinceramente dispiaciuto e chiese: – Ma poi? Che cosa è successo?
– Quando ho visto l'affetto sincero di Louis per la vostra famiglia, ho capito di aver fatto una sciocchezza: ho agito senza pensare, abbagliato dalla GELOSIA... e per colpa della mia insicurezza ho rischiato di danneggiare lo spettacolo!
Di fronte a quello che sembrava un pentimento sincero, la RABBIA sul volto di Jacques scomparve completamente.
– Non merito di lavorare più qui – disse il ragazzo, con aria triste. – Mi avete trattato come uno della famiglia e io mi sono comportato male! Spero possiate perdonarmi.

– Noi siamo solo **ospiti** qui, e le decisioni spettano a voi – intervenne Pamela rivolta a Jacques e Kevin. – Ma per come la vedo io, chi ha sbagliato **può essere perdonato!**

Nel **CAMPER** scese il silenzio.

Poi Jacques esclamò: – Questa ragazza ha ragione! Ed è grazie a lei, alle sue amiche

e a mio figlio, se so di nuovo che cosa significa avere una **famiglia!**

Allora Tobias alzò lo sguardo per la prima volta da quando aveva parlato. – Io... Ecco...

– Hai commesso un **ERRORE**, ma l'hai capito, e sono certo che da oggi non ne commetterai più – gli disse Jacques porgendogli la mano. – Non dire niente, ma resta... **Abbiamo bisogno di te.**

Le Tea Sisters si scambiarono un'occhiata d'intesa: a giudicare dal SORRISO che gli si dipinse sul volto, Tobias era molto sollevato adesso...

– E ORA, TUTTI AL LAVORO! – ordinò affettuosamente Jacques. – L'ultimo spettacolo che faremo sull'Isola delle Balene sarà speciale e segnerà l'inizio di un NUOVO CAMMINO per la nostra compagnia, anzi... per la nostra grande famiglia. Voglio che ciascuno di voi dia il meglio!

Violet guardò le amiche e poi, rivolta a Jacques, disse: – Forse allora sarebbe meglio se noi smettessimo di disturbarvi con i nostri ALLENAMENTI. Abbiamo già approfittato abbastanza della vostra ospitalità e ...

– No, non ci siamo capiti! – esclamò Jacques sorridendo alle Tea Sisters.

Imbarazzata, Violet rimase in silenzio, e lo stesso fecero le amiche.

Vedendo l'espressione perplessa delle ragazze, Jacques sorrise e spiegò: – Ho detto che il nostro spettacolo sarà speciale, e perché lo sia davvero... **DOVRETE FARNE PARTE ANCHE VOI!**

– Ma noi... noi... – balbettò Violet. Poi rivolgendosi a Kevin domandò: – Tu lo sapevi?

– No, l'ho **scoperto** adesso – rispose il ragazzo. – Ma sono perfettamente d'accordo!

# Il Teatro delle Luci e dei Colori

Complice la gioia di aver ritrovato la sua famiglia, Jacques voleva che lo spettacolo con cui la compagnia avrebbe dato il proprio arrivederci all'Isola delle Balene lasciasse tutti a BOCCA APERTA.
Per questo, non solo aveva chiesto alle Tea Sisters di esibirsi insieme agli altri artisti dando prova del loro talento e della loro passione, ma aveva preparato un'altra sorpresa.
– Davvero non sai perché tuo padre ci ha chiesto di venire qui prima dello spettacolo? – domandò Nicky a Kevin prendendo posto nella platea del teatro ancora vuota.

Così come tutte le sue amiche, anche lei poche ore prima aveva ricevuto un *bigliettino* firmato dal signor Jacques, e ora era curiosissima di **scoprire** quale fosse il motivo di quell'incontro.

– Non ha voluto ANTICIPARCI niente, ci ha solo detto di presentarci qui – rispose Kevin.

La CURIOSITÀ dei ragazzi venne soddisfatta qualche minuto dopo: non appena Jacques mise piede nel **TENDONE**, infatti, fu chiaro a tutti quale fosse la sorpresa di cui parlava.

Jacques, infatti, **NON ERA SOLO**.

– **Zio Antoine!** – gridò subito Kevin correndogli incontro.
– Papà! – esclamò Louis seguendo il cugino.
Mentre i ragazzi abbracciavano Antoine, Jacques si rivolse alle Tea Sisters: – Ci tenevo a farvi conoscere **MIO FRATELLO** prima dell'inizio dello spettacolo, perché è anche grazie a voi se siamo tornati quello che dovevamo essere: una **famiglia!**
Dopo quell'incontro emozionante, le ragazze si precipitarono dietro le quinte a prepararsi per lo spettacolo.
– Non posso ancora crederci, ci esibiremo in pista insieme agli **artisti** del Teatro dei Colori! – esclamò Colette raggiungendo le amiche dopo aver indossato il **COSTUME DI SCENA**. – Venite, facciamoci una foto tutte insieme!

– Ragazze, tra poco tocca a me! – disse Paulina andando a spiare da **DIETRO LE QUINTE** il teatro affollato. – Spero solo di non fare una **figuraccia!**

– Sarai bravissima! – la rassicurò Nicky, che di lì a poco si sarebbe esibita nel numero acrobatico dei **TESSUTI AEREI**.

Il numero di Paulina fu un successo, come quello di Nicky, Colette e Pamela: onorate dalla possibilità di ESIBIRSI insieme agli artisti, le ragazze si impegnarono al massimo!
Alla fine, giunse il momento di Violet.
Mentre saliva la scaletta fino alla piattaforma, un respiro dopo l'altro, la ragazza si sforzò di rimanere concentrata sull'esercizio e ripeté mentalmente i MOVIMENTI che avrebbe dovuto fare per eseguirlo con precisione e senza incertezze.
Ma quando si ritrovò in alto, legata alla fune di sicurezza e con il trapezio stretto tra le mani, l'emozione prese il sopravvento e per un attimo pensò di RINUNCIARE.
All'ultimo momento, però, alzò lo sguardo e sulla piattaforma di fronte a sé vide Kevin che la fissava SORRIDENDO.

In quel momento si ricordò delle tantissime volte in cui avevano provato e riprovato quell'ESERCIZIO insieme, e di come in quelle settimane speciali trascorse ad allenarsi con il Teatro dei Colori quel ragazzo non solo avesse saputo trasmetterle sicurezza e tranquillità, ma si fosse fidato di lei a tal punto da confidarle la storia della sua famiglia.
Allora Violet capì che era pronta, e che ce l'avrebbe fatta. Sorrise, strinse forte il trapezio e mentre un fascio di luce la illuminava saltò felice verso il centro della scena, certa che il suo compagno sarebbe stato lì a prenderla. E così accadde.
Il pubblicò scoppiò in un fragoroso applauso, e dal bordo della pista arrivarono le grida di gioia delle altre Tea Sisters:
– BRAVIIII! BRAVISSIMA, VIOLET!

Siii!
Presa!
Bravi!
Complimenti...

Poco dopo, alla fine dello spettacolo, tutti gli artisti **uscirono** sulla pista per salutare il pubblico.

Jacques prese il microfono e disse: – Grazie mille a tutti! Questo è stato uno *spettacolo speciale*, perché è stato anche l'ultimo del Teatro dei Colori, ve lo devo dire...

Nel **TENDONE** calò il silenzio, ma Jacques continuò: – Tranquilli, non è che **smetteremo** di esibirci! Al contrario, torneremo a essere la grande compagnia che eravamo fino a pochi anni fa: **il Teatro delle delle Luci e dei Colori**.

A quell'annuncio, Antoine entrò in scena e, commosso, raggiunse il FRATELLO al centro della pista. Anche Kevin e Louis, poco lontano da loro, si abbracciarono felici.

– Quando ci si vuole bene, non c'è litigata che tenga! – esclamò allora Pamela.

– Perché se si resta uniti è possibile affrontare QUALUNQUE SFIDA! – aggiunse Violet, facendo l'occhiolino alle ragazze.

E proprio in quel momento, mentre dall'alto del tendone cadeva sulla pista una PIOGGIA DI CORIANDOLI multicolori, le Tea Sisters si strinsero in un abbraccio forte:

vi voglio bene, amiche!

RESTANDO UNITI...
... TUTTO È POSSIBILE!

TUTTI I SOGNI...
... SI POSSONO REALIZZARE!

# INDICE

# VITA AL COLLEGE

**Leggere è un'avventura emozionante!**
**Segna tutti i libri della tua collezione!**

- ♡ 1 L'amore va in scena Topford!
- ♡ 2 Il diario segreto di Colette
- ♡ 3 Tea Sisters in pericolo!
- ♡ 4 Sfida a ritmo di danza!
- ♡ 5 Il progetto super segreto
- ♡ 6 Cinque amiche per un musical
- ♡ 7 La strada del successo
- ♡ 8 Chi si nasconde a Topford?
- ♡ 9 Una misteriosa lettera d'amore
- ♡ 10 Un sogno sul ghiaccio per Colette
- ♡ 11 Ciack si gira a Topford!
- ♡ 12 Top model per un giorno
- ♡ 13 Missione "Mare Pulito"
- ♡ 14 Il codice del drago
- ♡ 15 Il club delle poetesse
- ♡ 16 La ricetta dell'amicizia
- ♡ 17 Gran ballo con il principe
- ♡ 18 Il fantasma di Castel Falco

N
1
2
3
4
5
6
7
8
9
10
11
12
13
14
15
16
17
18
19
20
21
22
ISOLA delle
BALENE

# ISOLA delle BALENE

1. Osservatorio astronomico
2. Faraglioni dei Gabbiani
3. Spiaggia degli Asinelli
4. Clinica veterinaria "Cuccioli felici"
5. Locanda di Marian
6. Monte Franoso
7. Picco del Falco
8. Spiaggia delle Tartarughe
9. Fiume Patella
10. Bosco dei Falchi
11. College di Topford
12. Grotta del Vento
13. Circolo Velico
14. Accademia della Moda
15. Scogli del Cormorano
16. Bosco degli Usignoli
17. Biblioteca Comunale
18. Porto
19. Villa Marea: laboratorio di biologia marina
20. Impianti fotovoltaici per l'energia solare
21. Baia delle Farfalle
22. Scoglio del Faro

TOPFORD
1
2
3
4
5
6

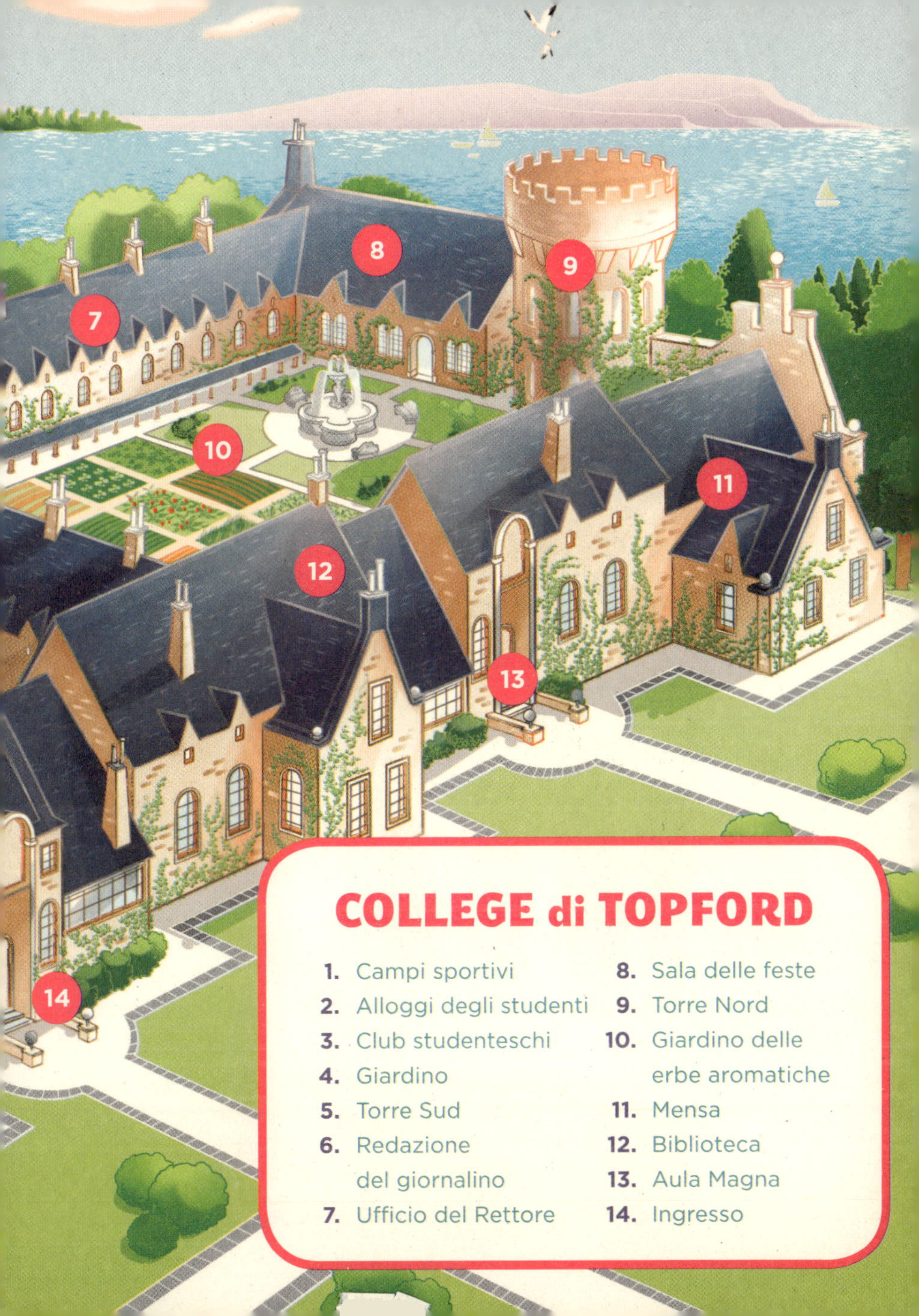
8
9
7
10
11
12
13
14
COLLEGE di TOPFORD
1. Campi sportivi
2. Alloggi degli studenti
3. Club studenteschi
4. Giardino
5. Torre Sud
6. Redazione del giornalino
7. Ufficio del Rettore
8. Sala delle feste
9. Torre Nord
10. Giardino delle erbe aromatiche
11. Mensa
12. Biblioteca
13. Aula Magna
14. Ingresso

# Arrivederci alla prossima avventura!

Scoprite tutto sul mondo delle Tea Sisters su www.teasisters.it